A UBERIZAÇÃO DA DOCÊNCIA

Os Avanços Tecnológicos e a Decadência na Educação

José Ruiz Watzeck

WATZECK HOME STUDIUS DIGITAL

ÍNDICE

Página do título

Direitos autorais

PREFÁCIO   2

INTRODUÇÃO   4

CAPITULO 1: O SIGNIFICADO DO TERMO UBERIZAÇÃO E SUAS ESPECIFICIDADES   7

CAPITULO 2: A INFRAESTRUTURA DAS ECOLAS PÚBLICAS BRASILEIRAS   12

CAPÍTULO 3: EDUCAÇÃO NA ERA DA UBERIZAÇÃO   15

CAPÍTULO 4: DECADÊNCIA NA QUALIDADE EDUCACIONAL   17

CAPÍTULO 5: OS PROFESSORES DO BRASIL   20

CAPÍTULO 5: A PRECARIZAÇÃO DOS PROFISSIONAIS DA EDUCAÇÃO   34

CAPÍTULO 6: ALTERNATIVAS E RESISTÊNCIA   36

CAPÍTULO 7: REPENSANDO O FUTURO DA EDUCAÇÃO   39

CAPITULO 8: INCLUSÃO E DIVERSIDADE: ALUNOS COM DEFICIÊNCIA, TRANSTORNOS GLOBAIS DO DESENVOLVIMENTO E   41

Capitulo 9 Desafios e Perspectivas: Alunos Pretos, Pardos e Indígenas no Ambiente Escolar em Tempos   47

CAPÍTULO 10: CONCLUSÃO   51

REFERÊNCIAS BIBLIOGRÁFICAS   54

1º Edição
NOVEMBRO - 2022
Copyright © 2022 JOSÉ RUIZ WATZECK

PREFÁCIO

Esta pesquisa tem como alicerce, o materialismo histórico dialético, identificando a precarização dos meios de produção através da *Uberização* do trabalho docente. Uma prática que vem crescendo de forma exponencial a cada dia, algo que num passado próximo, alcançava apenas os setores de transporte, limpeza e segurança, hoje começa abalar um dos principais pilares da sociedade, a educação. Com o advento da pandemia e políticas públicas educacionais estólidas, este tipo de prática ganha força na docência, com a ausência de concursos público e o envelhecimento da categoria. Prefeitos e governadores de forma peremptória, terceirizam custos e riscos em nome da tecnologia

Neste prisma, adensam-se estas mazelas desde meados da década de 1990, com as chamadas reformas educacionais e as acentuadas privatizações no setor, onde segundo o poder público, visa uma maior flexibilização no trabalho docente. Furtivamente ao que se prega, é uma espécie de contratação precária, onde salários e benefícios são desrespeitados e precarizados de forma cruel e vil.

O sistema hodierno funciona de maneira simples, faz-se um cadastro na plataforma, onde o professor passa por uma seleção simplificada, somente a comprovação da profissão através de cópias dos diplomas via celular, posteriormente aprovado, vai para um cadastro ativo e quando escolas públicas, particulares e universidades precisarem de um professor, chamam estes profissionais da mesma forma que se pede uma pizza ou um carro por aplicativo. Os valores variam entre instituições, o professor recebe o que foi decidido entre a plataforma e a escola. Cerca de 25% deste valor fica com os aplicativos e o restante é a remuneração, visto que neste remanescente, já está incluso o deslocamento do profissional. É possível notar, que esta modalidade, dramatiza ainda mais a profissão de docente, a disparidade salarial das profissões com o mesmo nível de qualificação. Para que este cenário mude, precisamos de novas políticas públicas voltadas a regulamentação e reconhecimento da profissão de docente.

INTRODUÇÃO

Há mais de dois mil anos, já discorria Platão em o Mito da Caverna, sobre os primórdios do processo de transposição da doxa[1], pensamento alicerçado em senso comum e opiniões, em caminho da episteme ou à verdade. Segundo ele, o contato com o conhecimento e a razão, permitiram que o homem se desvencilhasse das amarras da ignorância e enxergassem a luz, signo para a liberdade proporcionada por ele e o pensamento racional. Hodiernamente, um grande mantenedor da liberdade do pensamento crítico é a educação, que por meio dos seus métodos, ajuda o indivíduo a identificar o que é certo ou errado. Contudo, sem uma simultânea valorização do professor, a sociedade pode se tornar objeto instrumentalizado de manipulação e consolidação de privilégios.

O método e o pensamento científico embasados na dúvida metódica de Descartes, ao superar os laboratórios e chegar ao ensino básico na sociedade, fomentam nas pessoas, um senso crítico e uma eficiente compreensão. Ainda segundo ao pensamento do filósofo, a sociedade tem de buscar o conhecimento e sempre questionar o que se vê e o que se ouve, para que apenas ao final, seja tirada suas conclusões se algo é verdadeiro ou falso. Neste contexto, a episteme pode se aproximar do indivíduo, e finalmente a doxa atinja a humanidade, chegando onde Kant batizou de "maioridade", ou seja, a autonomia de pensamentos para o homem sem a ingerência de outro. Assim, o pensamento científico por propiciar a sociedade o senso crítico e a independência de raciocínio, garante que todos sejam os agentes de seus próprios conceitos.

Mas, as despiciendas com a categoria docente por parte de políticos, impossibilitam um avanço profissional e distanciam a população de um ensino de qualidade desde de a educação básica até a universidade. Todavia, essa manobra de afastar a sociedade de uma educação de qualidade, não se deve apenas a incapacidade dos políticos, trata-se de privar a massa de liberdade de raciocínio e cercear a criticidade das pessoas.

Segundo os filósofos Adorno e Horkheimer, a ciência e a razão podem ser utilizadas como instrumentos para se manter o status quo[2] de injustiças, desigualdades e o privilégios de poucos, partindo da racionalidade instrumental onde os donos do capital usam a educação em benefício próprio e não de forma coletiva.

E por fim, de forma deliberada, a classe dominante procura de todas as formas, denegrir a imagem do professor de forma direta e indireta, sendo uma das mais conhecidas a greve por melhores salários e condições. Fato histórico ocorreu no final da década de 1990, em que a classe docente fazia uma paralização na avenida Paulista em São Paulo, por equiparação salarial e o então governador Mario Covas Júnior, mandou o secretário de segurança pública liberar o trânsito, a polícia por esta ordem, foi compelida a expulsar todos os manifestantes da avenida mais famosa da capital, afinal de contas, o trânsito era mais importante que as reivindicações dos professores. Por fim, sem uma educação consolidada, este tipo de prática da precarização da docência, paradoxalmente envolve a sociedade em senso comum, da completa ignorância a escuridão da caverna da maioridade.

> Como que a dominação se reproduz há muito tempo sem revolução, sem lutas de classes, sem guerras entre burguesia e proletariado?
> Talvez porque tenha surgido um novo tipo de perspectiva de revolução, que invalide completamente as anteriores. Notoriamente, nos dias atuais, a classe dominada não mais se enxerga desta forma, é uma dominação em que o dominado concorda em quase tudo com o dominante. É uma visão em que dominados e dominantes corroboram em diversos aspectos, podendo até chamar de uma dominação justa, coerente e normal, ganhando o nome de dominação simbólica ou ideológica. (Watzeck, 2020, p.05)

As luzes da criticidade, é a única forma do cidadão ser livre para pensar e agir por conta própria, se protegendo da racionalidade estrutural nas mãos dos donos do capital e o seu retorno a doxa.

CAPITULO 1: O SIGNIFICADO DO TERMO UBERIZAÇÃO E SUAS ESPECIFICIDADES

O termo uberização foi introduzido no Brasil no ano de 2015, surgindo através da chamada economia do compartilhamento (Gig Economy), criando uma nova forma da organização do trabalho, trazendo uma significativa interferência em diversos ramos e setores da sociedade inclusive na educação.

Segundo o dicionário de Cambridge, o termo uberizar tem o significado de mudar o modo de determinados serviços e ou compras através de plataformas digitais. A plataforma Uber foi lançada no ano de 2010 em São Francisco, Califórnia nos Estados Unidos, sua proposta inicial era oferecer serviços de táxis de luxo, com carros como Mercedes Benz, BMW entre outros. Dois anos após sua criação, começou a se expandir para Europa, chegando em Londres no ano de 2012, neste mesmo período, inicia em Nova Iorque o serviço de táxi aéreo com helicópteros. O crescimento chegou no ano de 2015, onde captou grandes investidores, o mais conhecido foi a empresa de William Henry Gates III (Bill Gates), a Microsoft, com estes aportes, a empresa passou a valer mais de 51 bilhões de dólares, superando o faturamento das maiores montadoras de veículos do mundo, a Ford e a General Motors, mesmo período que chega ao Brasil. Quatro anos depois em 2019, a Uber se lançava na bolsa de valores, seu IPO (*initial public offering*) oferta pública oficial, foi avaliada em mais de 120 bilhões de dólares por analistas do mercado. Em meio a todos estes acontecimentos, a empresa também começou a atuar no serviço de entregas (Delivery), com o lançamento do Uber Eats, a empresa duplicou seus lucros através desta modalidade. Hoje existem diversas plataformas que oferecem os mesmos serviços, porém, em nenhum deles, o trabalhador possui direitos trabalhistas. Em meados de 2019 surge o aplicativo (Prof-e), plataforma para escolas e universidades solicitarem professores. Como se fosse pedir uma pizza ou um veículo para transporte, o serviço oferece docentes de inúmeras disciplinas para seus clientes.

Segundo **Marx (2013)**, as novas inovações tecnológicas e ou das organizações produtivas perfilhadas em grande escala pelos donos do capital, tendem a gerar uma predisposição da taxa de lucro. Assim, para recuperar as possibilidades de aumento da mais valia, o capitalista se vê obrigado a buscar constantemente, novas maneiras de suplantar seus concorrentes.

Vendendo um discurso em que o trabalhador se tornará seu próprio patrão, um empreendedor que faz seus horários, a Uber e seus concorrentes, atraem milhões de trabalhadores, alguns já acostumados com a informalidade trabalhista outros por não conseguir uma recolocação no mercado, a se submeterem a esta nova modalidade de emprego. Do prisma antológico, o trabalho uberizado perde a constituição do ser social, expropriando direitos. A cada ano torna-se mais densa esta precarização, através da crise estrutural capitalista, atingindo outros âmbitos como do ponto de vista econômico, político e social, acarretando numa precarização estrutural também do trabalho.

Segundo Nietzsche (2017), não há erro mais perigoso do que confundir a consequência com a causa: é a autêntica corrupção da razão.

Pochmann (2016) se refere à "uberização" como a emergência de um novo padrão de organização do trabalho – após o fordismo e o toyotismo –caracterizado pela autonomização dos contratos de trabalho e que, dependendo da resistência dos movimentos contestatórios, pode se generalizar.

"É o trabalhador negociando individualmente com o empregador a sua remuneração, seu tempo de trabalho, arcando com o s custos do seu trabalho" (POCHMANN, 2016, p.17).

Precisamos partir do ponto em que o trabalho docente está totalmente inserido na forma geral do capital, mesmo com suas especificidades. Sendo um trabalho improdutivo, imaterial do prisma marxista e no sentido da não produção da mais valia diretamente em relação o produto do trabalho, a escola inserida na sociedade capitalista, vem sofrendo grandes transformações, como a imbricação do público e provado.

Desde o final da década de 1970, emergiu a hegemonia do capital financeiro, o forte avanço do neoliberalismo e a restruturação produtiva do capitalismo, uma morfologia que não é exclusividade do Brasil, mas se espalha num contexto global. Embora para os brasileiros, essa precarização não é uma novidade. Com uma informalidade acima de 40%, exploração em diversas funções e setores, a expropriação dos direitos trabalhistas, para nós isso se tornou regra e não uma fase ruim da economia.

No Brasil, a Uberização da Docência é um fenômeno relativamente novo, mas que vem se expandindo rapidamente. Ela é impulsionada por uma série de fatores, incluindo a reforma trabalhista de 2017, que flexibilizou as leis trabalhistas, e o aumento da concorrência entre instituições de ensino.

A Uberização da Docência tem um impacto negativo na educação brasileira. Ela contribui para a precarização das condições de trabalho dos professores, a desvalorização da profissão e a fragmentação do ensino.

Definindo a Uberização da Docência:

A Uberização da Docência é um fenômeno complexo que não é fácil de definir. No entanto, é possível identificar alguns elementos que são característicos desse fenômeno.

Em primeiro lugar, a Uberização da Docência é baseada em modelos de trabalho precários e flexíveis. Os professores que trabalham sob esse modelo não têm estabilidade no emprego, não recebem benefícios trabalhistas e não têm controle sobre sua jornada de trabalho.

Em segundo lugar, a Uberização da Docência é baseada na utilização de plataformas digitais. Os professores que trabalham sob esse modelo são contratados por meio de plataformas digitais, onde eles precisam se cadastrar e concorrer por vagas de trabalho.

Em terceiro lugar, a Uberização da Docência é caracterizada pela fragmentação do ensino. Os professores que trabalham sob esse modelo são geralmente contratados para dar aulas em disciplinas ou turmas específicas. Isso dificulta a construção de uma relação de confiança entre o professor e os alunos.

Os principais fatores que contribuem para a Uberização da Docência no Brasil:

- A reforma trabalhista de 2017: A reforma trabalhista flexibilizou as leis trabalhistas, tornando mais fácil a contratação de trabalhadores temporários e terceirizados. Isso abriu caminho para a expansão da Uberização da Docência.

- O aumento da concorrência entre instituições de ensino, tem levado a uma busca por formas de reduzir custos. A Uberização da Docência é uma forma de reduzir custos, pois permite que as instituições de ensino contratem professores de forma flexível e temporária.

- A expansão da educação a distância também contribui para a Uberização da Docência. A educação a distância exige menos infraestrutura e pessoal, o que torna mais fácil a contratação de professores de forma remota e flexível.

Os impactos da Uberização da Docência na educação brasileira:

- A precarização das condições de trabalho dos professores: Os professores que trabalham sob modelos de trabalho precários e flexíveis têm menos direitos trabalhistas e menor segurança no emprego. Isso pode levar a um aumento do estresse, da insatisfação e da evasão da profissão.

- A desvalorização da profissão docente: A Uberização da Docência contribui para a desvalorização da profissão docente. Ela reforça a ideia de que o professor é apenas um prestador de serviços, que pode ser contratado ou demitido a qualquer momento.

- A fragmentação do ensino: A fragmentação do ensino dificulta a construção de uma relação de confiança entre o professor e os alunos. Isso pode prejudicar o processo de aprendizagem.

Perspectivas para o futuro da Uberização da Docência no Brasil

A Uberização da Docência é um fenômeno que ainda está em seu início no Brasil. No entanto, é provável que ela continue a se expandir nos próximos anos. Isso se deve a uma série de fatores, incluindo a reforma trabalhista, o aumento da concorrência entre instituições de ensino e a expansão da educação a distância.

É importante que a sociedade brasileira discuta os impactos da Uberização da Docência na educação. É preciso encontrar formas de proteger os direitos trabalhistas dos professores e de garantir a qualidade do ensino.

CAPITULO 2: A INFRAESTRUTURA DAS ECOLAS PÚBLICAS BRASILEIRAS

Com o surgimento da pandemia no início do ano de 2020, escancarou-se a desigualdade social no Brasil e no mundo. Neste capitulo, trataremos exclusivamente sobre as infraestruturas dos prédios públicos escolares nos estados brasileiros e no Distrito Federal. Os dados contidos nesta análise, são do ultimo Censo Escolar 2020, publicado pelo *Instituto Nacional de Estudos e Pesquisas Educacionais Anísio Teixeira (Inep)* em parceria com o *Ministério da Educação (MEC)* em março de 2021 Brasília.

O Brasil possui oficialmente, 3.250 escolas sem energia elétrica, mais de 3.800 escolas funcionam fora de um prédio escolar, onde aulas são ministradas em galpões, paióis, barracões e ranchos, são com as mínimas condições que professores brasileiros fazem seu trabalho diário. Quase 3% das escolas no país, não possuem banheiros dentro dos prédios, banheiros adaptados para alunos portadores de deficiências físicas, são apenas 43,3% dos prédios que disponibilizam esta acessibilidade, a coleta de água e esgoto são apenas 72,9% que contam com este serviço, quanto ao fornecimento de água potável o número geral é de 2,5%, contudo, quando começarmos a esmiuçar por região e estados, esses dados tornam-se assustadores.

Imagem: G1 Globo

No Brasil, somente 42% das escolas públicas em regiões urbanas possuem bibliotecas para alunos e professores, no Acre, os números são mais alarmantes, apenas 10% das escolas contam com este serviço e em Minas Gerais são 68% dos prédios escolares que possuem a sala de leitura. Laboratórios de ciência é considerado luxo desnecessário em 81% das escolas brasileiras, prejudicando o ensino e aprendizagem dos alunos dos anos finais do fundamental II e médio, fazendo uma pequena comparação entre dois estados, o Paraná possui 55% destes laboratórios em suas escolas, quanto o Maranhão, apenas 4%. A rede pública brasileira abrange um total de 73.939 (94,7%) **escolas** nos anos iniciais e 28.769 (36,9%) nos anos finais do fundamental. Já em relação aos estabelecimentos educacionais que oferecem o ensino médio, o Censo 2020 registrou 28.933 **escolas**.

Nas creches, pré-escolas e anos iniciais do fundamental I, parques infantis são 27% em todo o território brasileiro, completamente desigual em comparações entre 2% no estado do Maranhão contra os 78% no Distrito Federal. As discrepâncias são evidentes, porém em pleno século 21, estes assuntos são tratados com despiciendas por prefeitos e governadores.

Esmiuçando o fator do fornecimento de água potável nas

escolas brasileiras na região norte e nordeste, os estados do Acre, Pará, Roraima e Rio Grande do Norte, o abastecimento chega apenas a 80% das escolas.

Quanto as salas de informática, apenas 44% dos ambientes educacionais conta com este serviço, claro que novamente as regiões norte e nordeste estes números são uma outra realidade.

Além dos problemas de estrutura e saneamento básico, as escolas públicas brasileiras também sofrem com a falta de equipamentos e materiais didáticos, a falta de professores qualificados e a violência. Esses problemas, somados aos anteriores, contribuem para a precarização da educação no Brasil.

A precarização das escolas brasileiras tem consequências negativas para a educação e para a sociedade como um todo. Os alunos que estudam em escolas precárias têm mais dificuldade de aprender e de desenvolver as habilidades e competências necessárias para o mercado de trabalho. Isso resulta em um aumento da desigualdade social e da exclusão.

Para enfrentar o problema da precarização das escolas brasileiras, é necessário um investimento significativo em educação. É preciso garantir a manutenção das estruturas prediais, a construção de novas escolas, a melhoria do saneamento básico e a oferta de equipamentos e materiais didáticos. Também é importante investir na formação de professores e na prevenção da violência nas escolas.

A educação é um direito fundamental de todos os brasileiros. É preciso garantir que todas as crianças e adolescentes tenham acesso a uma educação de qualidade, independentemente de sua condição socioeconômica.

CAPÍTULO 3: EDUCAÇÃO NA ERA DA UBERIZAÇÃO

A crescente influência da tecnologia tem permeado todos os aspectos de nossas vidas, e a educação não é exceção. Com o advento da internet e das plataformas online, surgiram novas formas de aprendizado e ensino. A abordagem tradicional da sala de aula cedeu espaço para uma variedade de modelos educacionais baseados na tecnologia, incluindo cursos online, tutoriais em vídeo, webinars e até salas de aula virtuais. Essa evolução rapidamente trouxe à tona o conceito de "uberização" na educação.

A essência da uberização na educação reside na descentralização do processo de ensino e aprendizado. Plataformas online e aplicativos, permitem que professores e alunos se conectem independentemente de barreiras geográficas, horários rígidos e até mesmo instituições tradicionais. Assim como a Uber revolucionou a maneira como as pessoas solicitam transporte, essa abordagem busca remodelar como o conhecimento é compartilhado.

A abordagem da uberização na educação traz várias vantagens notáveis, a flexibilidade oferecida permite que alunos acessem conteúdo educacional em seus próprios ritmos e horários. Além disso, professores talentosos podem alcançar um público global e diversificado, rompendo as barreiras físicas das instituições educacionais tradicionais. Isso também pode reduzir os custos associados à educação, tornando o aprendizado mais acessível para muitos.

No entanto, este modelo educacional levanta preocupações legítimas. A ausência de interações presenciais, pode diminuir a qualidade das relações professor-aluno e a troca de ideias enriquecedoras que ocorrem em uma sala de aula tradicional.

Além disso, a verificação da qualidade e da precisão do conteúdo fornecido online pode ser difícil, levando a discrepâncias na aprendizagem. A segurança dos dados dos alunos e a proteção contra plágio e fraudes também são desafios que não podem ser subestimados.

Um dos principais riscos associados à uberização da docência, é a potencial desvalorização do papel do professor. À medida que mais cursos online e materiais educacionais se tornam disponíveis, a percepção da expertise e autoridade do professor começa a diminuir. Isso pode resultar em uma perda de respeito pela profissão e uma redução nas oportunidades de desenvolvimento profissional para os educadores.

O tema destaca a importância de encontrar um equilíbrio saudável entre a tecnologia e a humanização na educação. Enquanto a tecnologia pode ser uma ferramenta valiosa para ampliar o acesso ao conhecimento, não deve substituir completamente as interações humanas significativas que enriquecem a experiência educacional. Os educadores têm um papel vital em orientar, motivar e inspirar os alunos, e isso não deve ser subestimado em prol da conveniência da aprendizagem online ou presencial neste novo modelo.

CAPÍTULO 4: DECADÊNCIA NA QUALIDADE EDUCACIONAL

A decadência na qualidade educacional é um problema que vem se agravando no Brasil e no mundo. Essa decadência é resultado de uma série de fatores, como a falta de investimento na educação, a desvalorização da profissão docente e a ineficiência dos sistemas educacionais.

No Brasil, a qualidade da educação é um problema de longa data. O país ocupa posições baixas nos rankings internacionais de educação, como a Prova Brasil e o PISA. Esses rankings mostram que os estudantes brasileiros apresentam desempenhos abaixo da média em diversas áreas, como matemática, ciências e leitura.

A falta de investimento na educação é um dos principais fatores que contribuem para a decadência da qualidade educacional no Brasil. O país investe menos em educação do que a média dos países desenvolvidos. Em 2021, o Brasil investiu 6,4% do PIB em educação, enquanto a média dos países desenvolvidos é de 10,1%.

A desvalorização da profissão docente é outro fator que contribui para a decadência da qualidade educacional. Os professores são profissionais essenciais para a educação, mas muitas vezes são desvalorizados em termos de salários, condições de trabalho e reconhecimento social.

A ineficiência dos sistemas educacionais também é um fator que contribui para a decadência da qualidade educacional. Os sistemas educacionais brasileiros são muitas vezes burocráticos e ineficientes, o que dificulta o processo de aprendizagem dos alunos.

A decadência na qualidade educacional tem consequências

negativas para a sociedade. Os indivíduos que não recebem uma educação de qualidade têm menos oportunidades de sucesso na vida pessoal e profissional. A decadência da qualidade educacional também prejudica o desenvolvimento econômico e social do país.

Na contra mão disso, a corrida em direção à uberização da docência trouxe consigo uma série de desafios que afetam diretamente a qualidade da educação oferecida. Enquanto as plataformas online e os modelos de aprendizado à distância oferecem uma variedade de benefícios, há um risco real de decadência na qualidade educacional que merece uma análise mais aprofundada.

Uma das principais preocupações é a perda da interatividade pessoal entre professores e alunos. A educação tradicional valoriza o diálogo, as discussões em sala de aula e as oportunidades de fazer perguntas em tempo real. No entanto, a uberização da docência muitas vezes resulta em um ambiente de aprendizado isolado, onde a interação se dá principalmente por meio de mensagens escritas ou vídeos gravados. Isso pode comprometer a compreensão profunda dos tópicos, a troca de ideias e o desenvolvimento de habilidades críticas.

A personalização do ensino é um pilar fundamental da educação de qualidade. Professores são capazes de identificar as necessidades individuais dos alunos e adaptar suas abordagens de ensino de acordo. No entanto, a uberização da docência muitas vezes resulta em turmas maiores e menos atenção individualizada. Isso pode levar a lacunas no entendimento dos alunos e à falta de suporte necessário para seu progresso acadêmico.

A avaliação contínua e o feedback construtivo, são essenciais para o crescimento dos alunos. Nos modelos de uberização da docência, essas práticas muitas vezes são reduzidas a avaliações automatizadas e genéricas. A falta de interação pessoal dificulta a identificação de áreas em que os alunos precisam melhorar, prejudicando seu desenvolvimento e aprimoramento.

A uberização da docência também pode resultar em uma desconexão emocional entre professores e alunos. A falta de contato visual e expressão emocional nas interações online, pode diminuir o senso de pertencimento e conexão com o processo educacional. Isso pode afetar o engajamento dos alunos e sua motivação para aprender.

A busca pela eficiência e a demanda por cursos rápidos, podem levar a uma educação superficial. A aprendizagem online muitas vezes se concentra na transmissão de informações em vez de promover a compreensão profunda e a aplicação prática do conhecimento, podendo levar alunos que têm o conhecimento fragmentado, problemas em enfrentar desafios do mundo real, no caso do professor, desespero diante de uma sala de aula.

CAPÍTULO 5: OS PROFESSORES DO BRASIL

Neste capitulo, segundo o último ***Censo de 2020***, são apresentadas as informações sobre os docentes que lecionam na educação básica. Expõe-se primeiramente uma visão geral e histórica; em seguida, agregações por etapas de ensino: educação infantil, ensino fundamental e ensino médio. Adicionalmente, há um destaque para o PNE, no que se refere à formação dos docentes da educação básica.

Em 2020, foram registrados 2.189.005 docentes na educação básica brasileira. A maior parte deles atua no ensino fundamental (63%), em que se encontram 1.378.812. Historicamente, o número de docentes nos anos finais é superior ao observado nos anos iniciais. A diferença, que chegou a ser de 1,9% em 2016, atualmente é de apenas 0,7%. De 2016 a 2020, o número de docentes que atuam na educação infantil cresceu 9,7% e o daqueles que atuam no ensino médio reduziu 2,7.

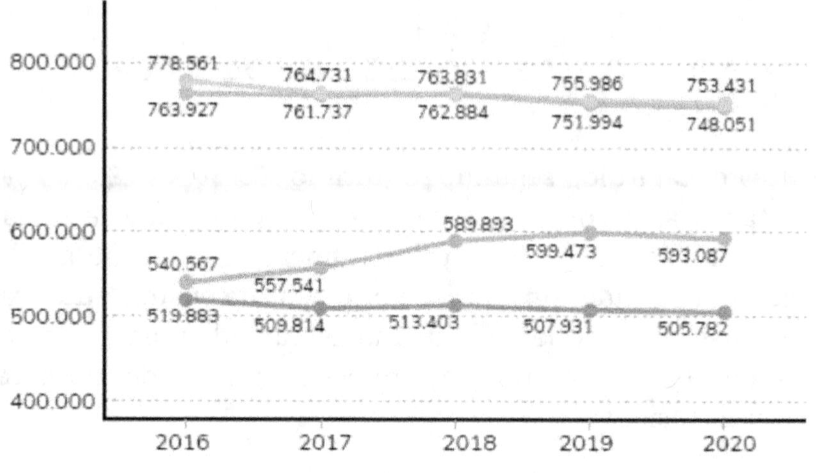

EVOLUÇÃO DO NÚMERO DE DOCENTES, POR ETAPA DE ENSINO – BRASIL – 2016-2020
(Fonte: Elaborado por Deed/Inep com base nos dados do Censo da Educação Básica.)

Na educação infantil brasileira, atuam 593 mil docentes. São 96,4% do sexo feminino e 3,6% do sexo masculino. A distribuição das idades se concentra nas faixas de 30 a 39 anos e de 40 a 49 anos.

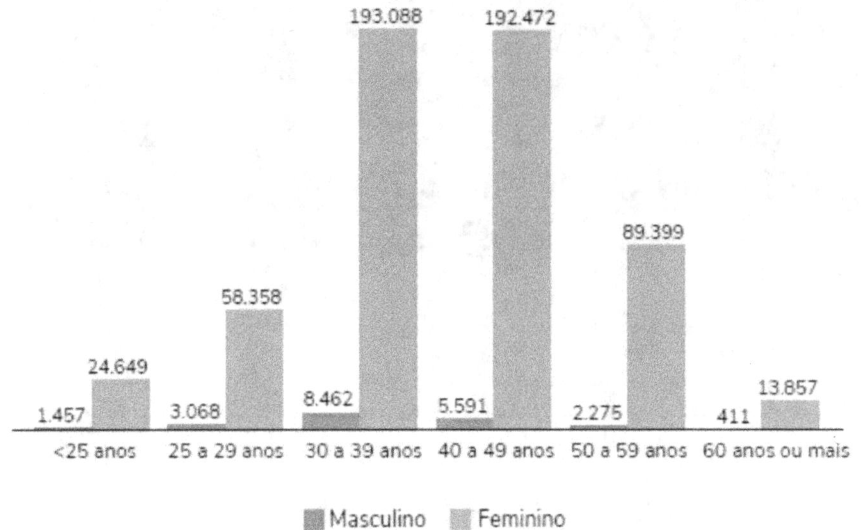

NÚMERO DE DOCENTES NA EDUCAÇÃO INFANTIL, SEGUNDO A FAIXA ETÁRIA E O SEXO – BRASIL – 2020
Fonte: Elaborado por Deed/Inep com base nos dados do Censo da Educação Básica.

Quando observada a escolaridade, 79,1% possuem nível superior completo (76,5% em grau acadêmico de licenciatura e 2,6% em bacharelado) e 14,3% têm curso de ensino médio normal/magistério. Foram identificados ainda 6,6% com nível médio ou inferior. Desde 2016, observa-se um crescimento gradual no percentual de docentes com nível superior completo atuando na educação infantil, de 64,1%, em 2016, para 76,5%, em 2020.

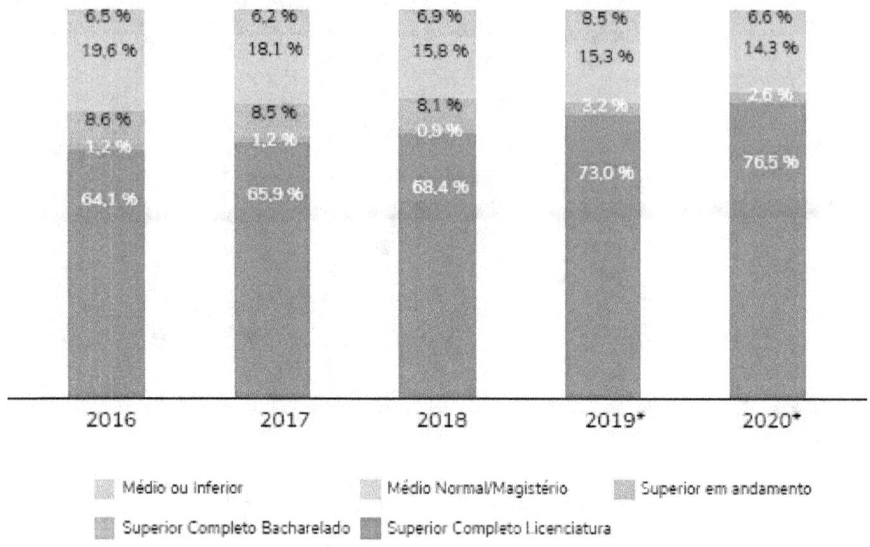

ESCOLARIDADE DOS DOCENTES NA EDUCAÇÃO INFANTIL – BRASIL – 2016-2020
Fonte: Elaborado por Deed/Inep com base nos dados do Censo da Educação Básica.

Nota: *Em 2019, o Censo Escolar parou de coletar cursos superiores em andamento. Ressalta-se que parte da elevação no percentual de docentes com superior concluído em 2019 e 2020 resulta do trabalho de atualização do cadastro de docentes promovido pelo Inep (adição de cursos concluídos em anos anteriores até então não declarados) como uma das ações da Pesquisa de Controle de Qualidade do Censo Escolar 2017.

No ensino fundamental, atuam 1.378.812 docentes. Nos anos iniciais, 88,1% são do sexo feminino e 11,9% do sexo masculino. As faixas etárias com maior concentração são as de 40 a 49 anos e de 30 a 39 anos.

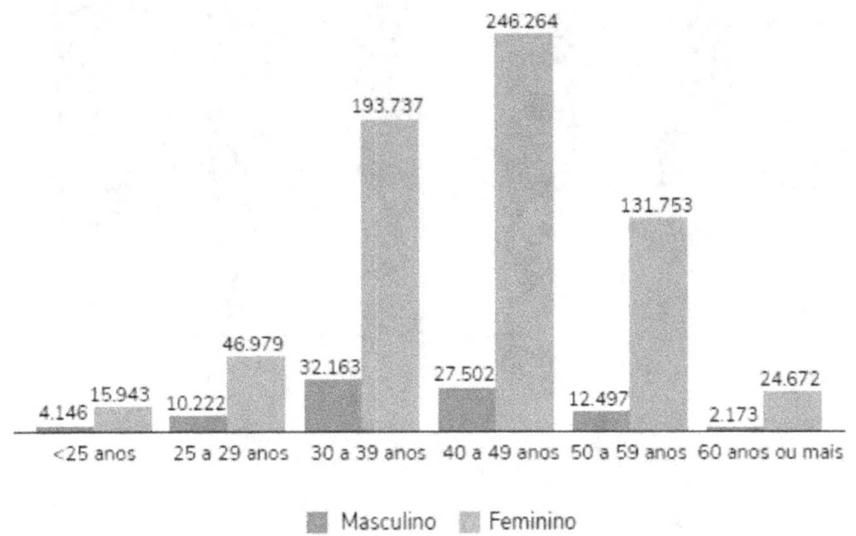

NÚMERO DE DOCENTES NOS ANOS INICIAIS DO ENSINO FUNDAMENTAL, SEGUNDO A FAIXA ETÁRIA E O SEXO – BRASIL – 2020
Fonte: Elaborado por Deed/Inep com base nos dados do Censo da Educação Básica.

Nos anos iniciais do ensino fundamental, atuam 748 mil docentes. Desses, 85,3% têm nível superior completo (81,8% em grau acadêmico de licenciatura e 3,5% em bacharelado) e 10% têm ensino médio normal/magistério. Foram identificados ainda 4,7% com nível médio ou inferior.

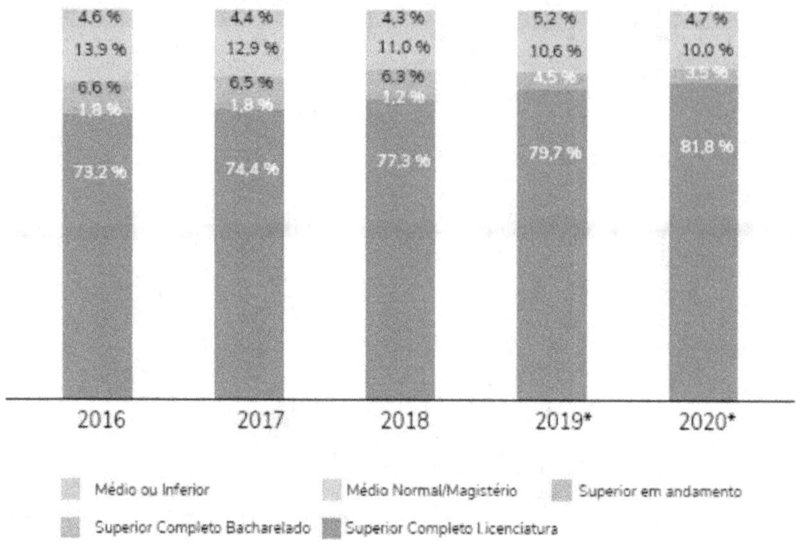

ESCOLARIDADE DOS DOCENTES DOS ANOS INICIAIS DO ENSINO FUNDAMENTAL– BRASIL – 2016-2020
Fonte: Elaborado por Deed/Inep com base nos dados do Censo da Educação Básica.

Nota: *Em 2019, o Censo Escolar parou de coletar cursos superiores em andamento. Ressalta-se que parte da elevação no percentual de docentes com superior concluído em 2019 e 2020 resulta do trabalho de atualização do cadastro de docentes promovido pelo Inep (adição de cursos concluídos em anos anteriores até então não declarados) como uma das ações da Pesquisa de Controle de Qualidade do Censo Escolar 2017.

Segundo o indicador de adequação da formação docente para os anos iniciais do ensino fundamental, o pior resultado é observado para a disciplina de Língua Estrangeira, em que em apenas 31,3% das turmas são ministradas aulas por professores com formação superior de licenciatura (ou equivalente) na mesma área da disciplina (grupo 1 do indicador). O melhor resultado do indicador de adequação da formação docente é observado para a disciplina de Educação Física, com 79,3% das turmas atendidas por docentes classificados no grupo 1.

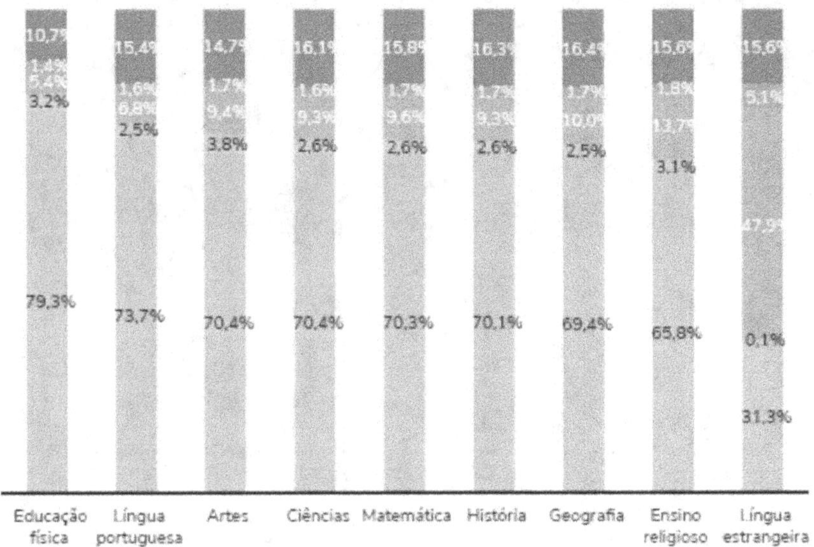

INDICADOR DE ADEQUAÇÃO DA FORMAÇÃO DOCENTE PARA OS ANOS INICIAIS DO ENSINOFUNDAMENTAL, SEGUNDO A DISCIPLINA – BRASIL – 2020
(Fonte: Elaborado por Deed/Inep com base nos dados do Censo da Educação Básica.)

Nos anos finais do ensino fundamental, atuam 753 mil docentes. São 66,8% do sexo feminino e 33,2% do sexo masculino. As faixas etárias com maior concentração são as de 40 a 49 anos e de 30 a 39 anos.

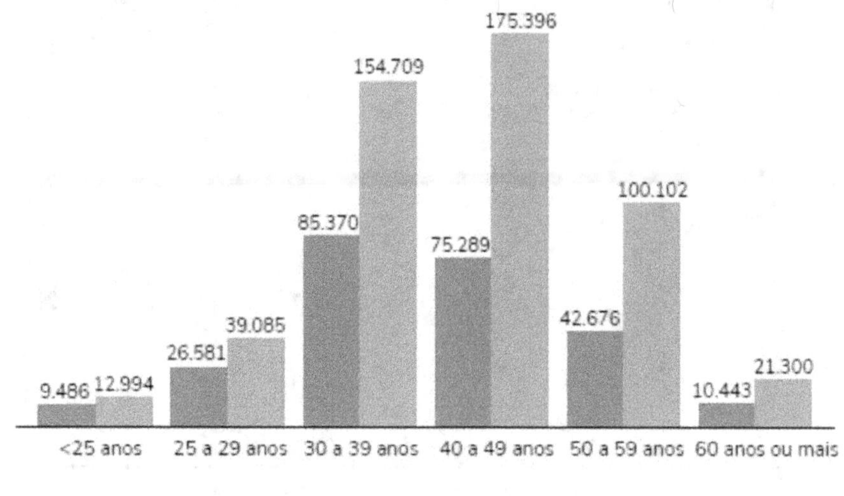

**NÚMERO DE DOCENTES NOS ANOS FINAIS DO ENSINO FUNDAMENTAL,
SEGUNDO A FAIXA ETÁRIA E O SEXO – BRASIL – 2020**
(Fonte: Elaborado por Deed/Inep com base nos dados do Censo da Educação Básica.)

Nos anos finais do ensino fundamental, 91,8% dos docentes possuem nível superior completo (87,9% em grau acadêmico de licenciatura e 3,9%, bacharelado). O percentual de docentes com formação superior em licenciatura aumentou 6,6 p.p. no período entre 2016 e 2020.

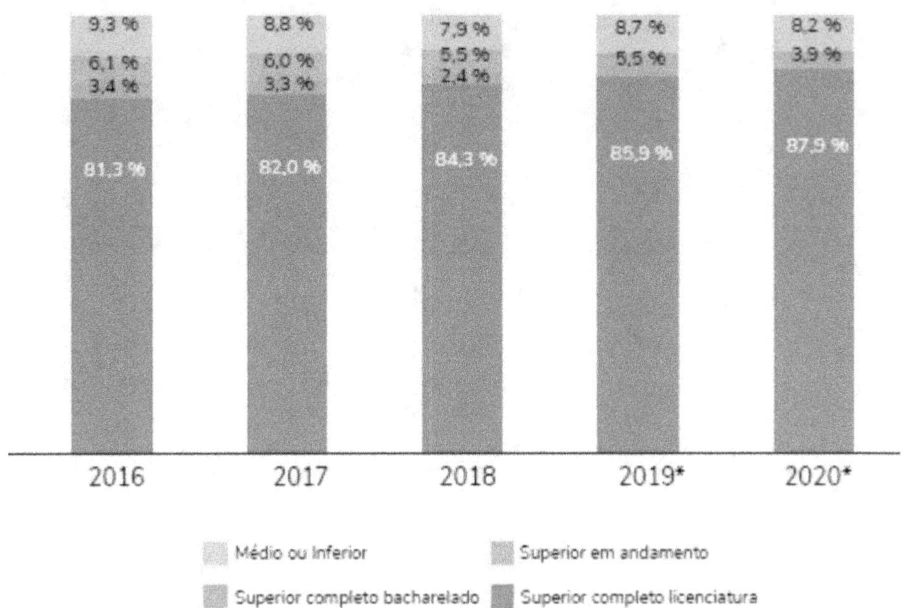

ESCOLARIDADE DOS DOCENTES DOS ANOS FINAIS DO ENSINO FUNDAMENTAL – BRASIL – 2016-2020
(Fonte: Elaborado por Deed/Inep com base nos dados do Censo da Educação Básica.)

Nota: *Em 2019, o Censo Escolar parou de coletar cursos superiores em andamento. Ressalta-se que parte da elevação no percentual de docentes com superior concluído em 2019 e 2020 resulta do trabalho de atualização do cadastro de docentes promovido pelo Inep (adição de cursos concluídos em anos anteriores até então não declarados) como uma das ações da Pesquisa de Controle de Qualidade do Censo Escolar 2017.

Para os anos finais, o indicador de adequação da formação docente demonstra que o pior resultado ocorre para a disciplina de Língua Estrangeira, em que apenas 39,5% das turmas são atendidas por docentes com formação adequada (grupo 1 do indicador). O melhor resultado é observado para a disciplina de Educação Física, em que 72,2% das turmas são atendidas por docentes com formação adequada.

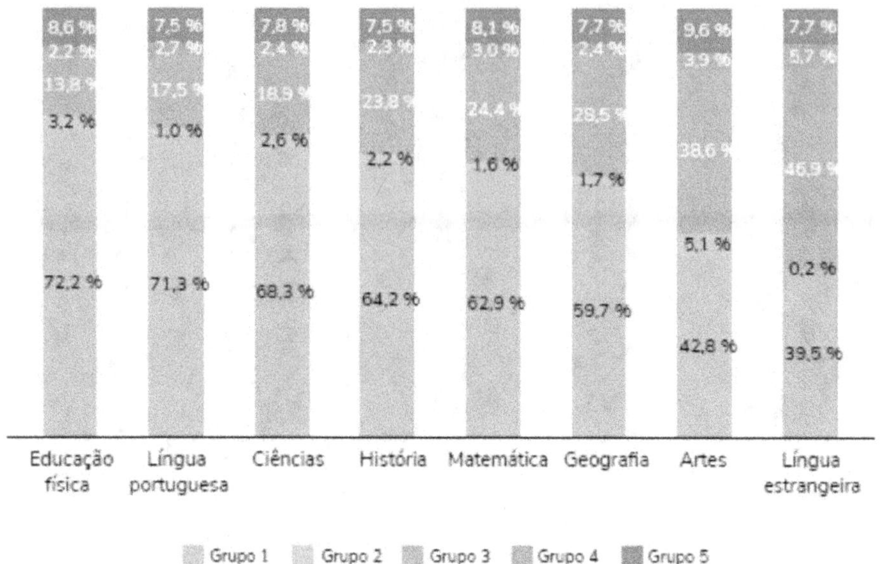

INDICADOR DE ADEQUAÇÃO DA FORMAÇÃO DOCENTE PARA OS ANOS FINAIS DO ENSINO FUNDAMENTAL, SEGUNDO A DISCIPLINA – BRASIL – 2020
Fonte: Elaborado por Deed/Inep com base nos dados do Censo da Educação Básica.

Nos anos finais, o percentual de disciplinas que são ministradas por professores com formação adequada (grupo 1 do indicador de adequação da formação docente) reduz-se consideravelmente, quando comparado aos anos iniciais. As regiões Norte, Nordeste e parte do Centro-Oeste apresentam um menor percentual de disciplinas ministradas por professores com formação adequada.

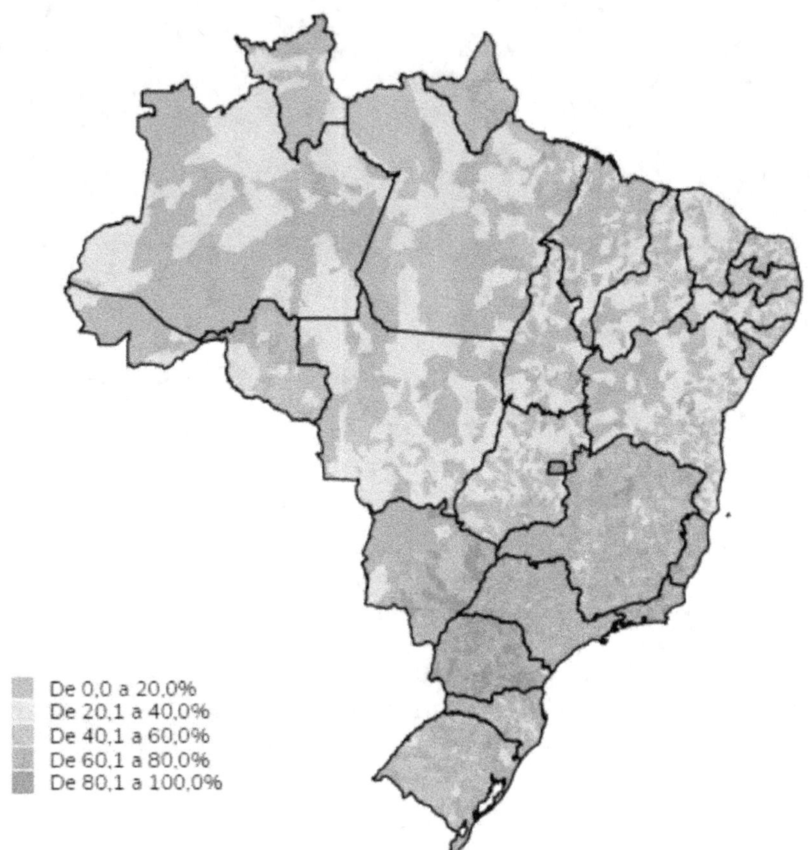

PERCENTUAL DE DISCIPLINAS QUE SÃO MINISTRADAS POR PROFESSORES COM FORMAÇÃO ADEQUADA (GRUPO 1 DO INDICADOR DE ADEQUAÇÃO DA FORMAÇÃO DOCENTE) NOS ANOS FINAIS, POR MUNICÍPIO – BRASIL – 2020
Fonte: Elaborada por Deed/Inep com base nos dados do Censo da Educação Básica.

O total de 505.782 professores atuaram no ensino médio em 2020. São 57,8% do sexo feminino e 42,2% do sexo masculino. A distribuição das idades se concentra nas faixas de 30 a 39 anos e de 40 a 49 anos.

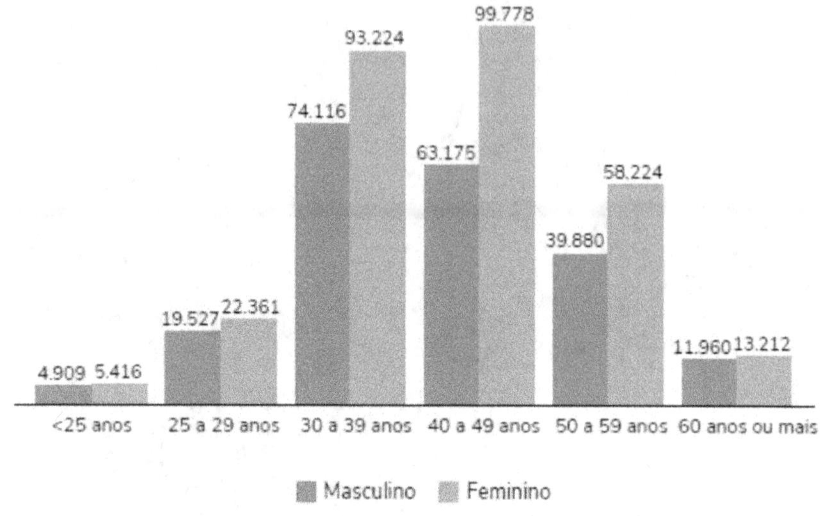

NÚMERO DE DOCENTES NO ENSINO MÉDIO, SEGUNDO A FAIXA ETÁRIA E O SEXO – BRASIL – 2020
Fonte: Elaborado por Deed/Inep com base nos dados do Censo da Educação Básica.

Dos docentes que atuam no ensino médio, 97,1% têm nível superior completo (89,6% em grau acadêmico de licenciatura e 7,4%, bacharelado) e 2,9% possuem formação de nível médio ou inferior.

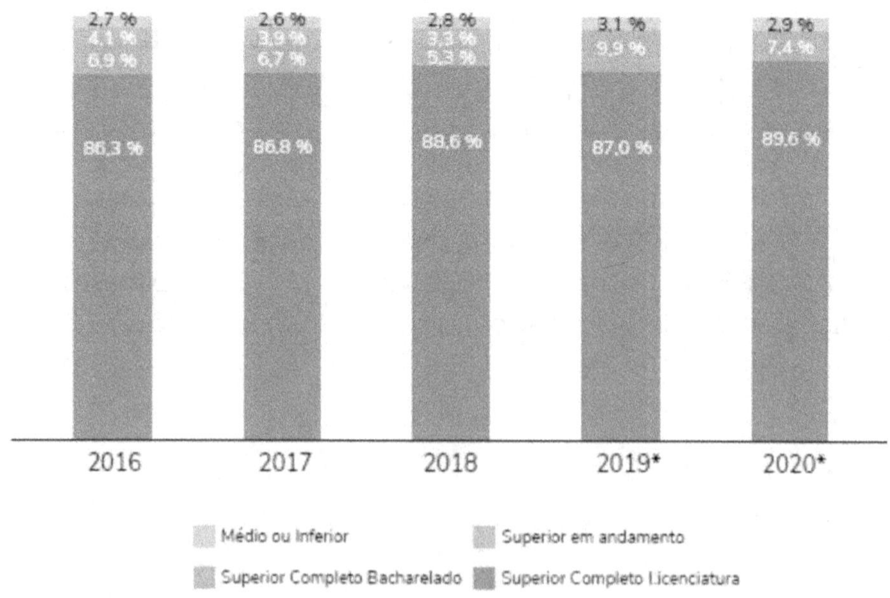

ESCOLARIDADE DOS DOCENTES DO ENSINO MÉDIO – BRASIL – 2016-2020
Fonte: Elaborado por Deed/Inep com base nos dados do Censo da Educação Básica.

Nota: *Em 2019, o Censo Escolar parou de coletar cursos superiores em andamento. Ressalta-se que parte da elevação no percentual de docentes com superior concluído em 2019 e 2020 resulta do trabalho de atualização do cadastro de docentes promovido pelo Inep (adição de cursos concluídos em anos anteriores até então não declarados) como uma das ações da Pesquisa de Controle de Qualidade do Censo Escolar 2017.

De acordo com o indicador de adequação da formação docente para o ensino médio, o pior resultado é observado para a disciplina de Sociologia, em que apenas 36,3% das turmas são ministradas por professores com a formação adequada (grupo 1 do indicador). Os melhores resultados do indicador de adequação da formação docente são observados para as disciplinas de Língua Portuguesa, Educação Física, Biologia, Matemática, História e Geografia, com percentuais acima de 75%.

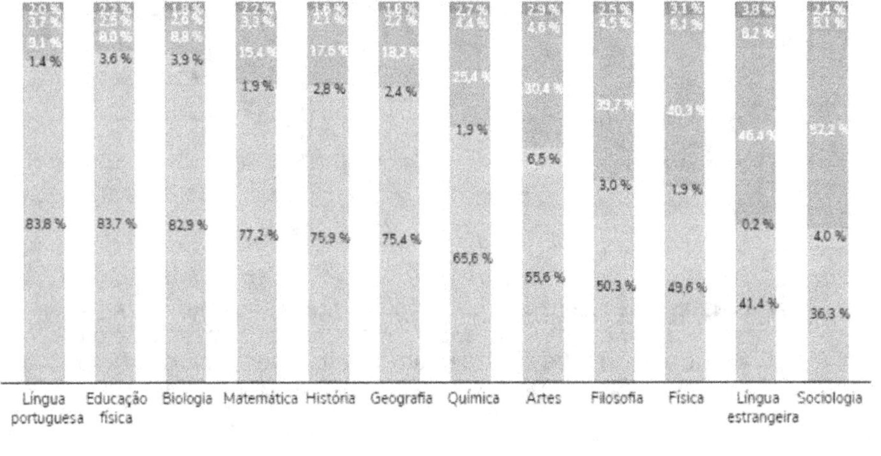

INDICADOR DE ADEQUAÇÃO DA FORMAÇÃO DOCENTE PARA O ENSINO MÉDIO, SEGUNDO A DISCIPLINA – BRASIL – 2020
Fonte: Elaborado por Deed/Inep com base nos dados do Censo da Educação Básica.

O percentual de disciplinas ministradas por professores com formação adequada (grupo 1 do indicador) no ensino médio, para cada município brasileiro, demonstra que parte da região Centro-Oeste e da região Nordeste apresenta um desempenho ruim nesse indicador. Os menores percentuais foram observados nos estados de Mato Grosso e da Bahia, enquanto que Amapá, Rio Grande do Norte e Distrito Federal se destacam positivamente.

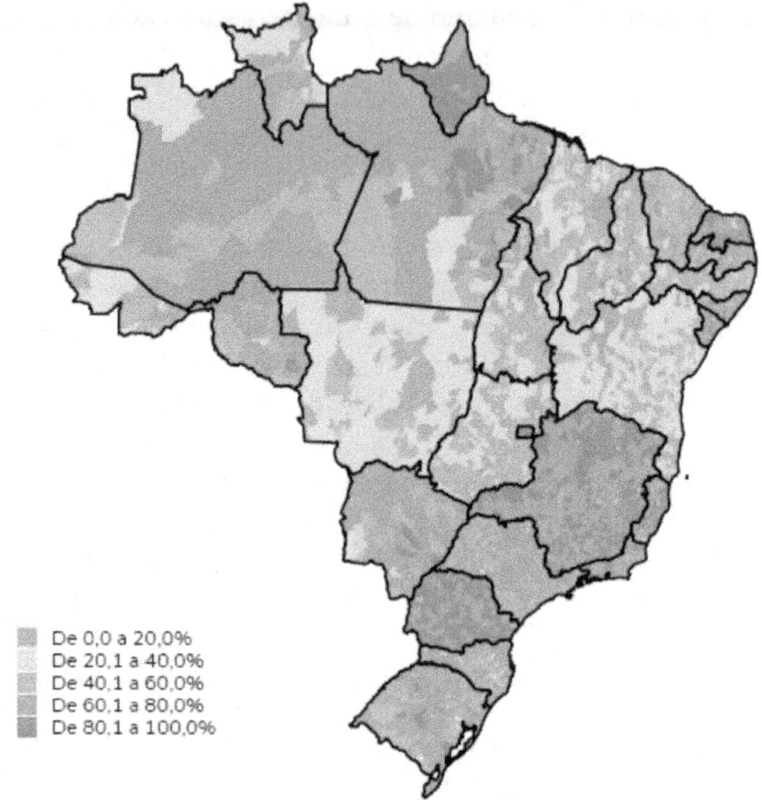

PERCENTUAL DE DISCIPLINAS QUE SÃO MINISTRADAS POR PROFESSORES COM FORMAÇÃO ADEQUADA (GRUPO 1 DO INDICADOR DE ADEQUAÇÃO DA FORMAÇÃO DOCENTE) NO ENSINO MÉDIO, POR MUNICÍPIO – BRASIL – 2020
Fonte: Elaborada por Deed/Inep com base nos dados do Censo da Educação Básica

CAPÍTULO 5: A PRECARIZAÇÃO DOS PROFISSIONAIS DA EDUCAÇÃO

No cenário contemporâneo, a interconexão global e os avanços tecnológicos têm catalisado mudanças significativas em diversos setores, incluindo a educação. A ascensão das plataformas de ensino online e modelos similares trouxe consigo a promessa de acesso mais amplo à educação, mas também suscitou um debate complexo sobre a precarização dos profissionais da área. Este capítulo se propõe a investigar as condições de trabalho dos professores envolvidos nesse novo paradigma, analisar os desafios enfrentados por esses educadores freelancers e explorar as implicações dessa precarização na qualidade da educação.

As plataformas de ensino online têm revolucionado a maneira como a educação é oferecida, permitindo que alunos tenham acesso a uma ampla gama de cursos e conteúdo de instrutores do mundo todo. No entanto, por trás dessa conveniência, muitos professores se deparam com desafios significativos. Em muitos casos, esses educadores são contratados como freelancers, o que frequentemente implica em falta de estabilidade no emprego, ausência de benefícios como seguro de saúde e aposentadoria, além de uma remuneração muitas vezes incerta e desvinculada das horas investidas.

A vida de um professor freelancer em uma plataforma de ensino online pode ser imprevisível e desafiadora. A falta de segurança no emprego pode gerar instabilidade financeira, dificultando o planejamento de longo prazo e a tomada de decisões importantes. Além disso, a ausência de benefícios básicos, como licença médica remunerada, cria um ambiente onde os educadores podem ser forçados a continuar trabalhando mesmo em situações adversas, prejudicando tanto a sua saúde quanto a qualidade do ensino oferecido.

A remuneração muitas vezes baseada na quantidade de alunos matriculados ou no feedback recebido, pode incentivar uma corrida pelo menor preço e pela aprovação constante dos alunos, levando alguns professores a comprometerem a profundidade e a qualidade de seu ensino em prol da popularidade. Isso, por sua vez, pode minar a própria essência da educação, que deve priorizar o desenvolvimento holístico do aluno e a profundidade do aprendizado.

A precarização dos profissionais da educação em plataformas online não afeta apenas os próprios professores, mas também a qualidade geral da educação oferecida. Professores que lidam com insegurança financeira e falta de benefícios podem ter menos capacidade de se dedicar ao aprimoramento contínuo de suas habilidades e conhecimentos. A falta de investimento em sua própria formação pode resultar em um ensino menos atualizado e eficaz.

Além disso, a pressão por atrair mais alunos e manter altas avaliações pode incentivar práticas de ensino superficiais e voltadas para a aprovação rápida, em detrimento de uma abordagem educacional mais profunda e significativa. Isso minimiza a capacidade dos educadores de cultivar pensamento crítico, criatividade e habilidades analíticas, que são essenciais para o sucesso dos alunos no mundo moderno.

É imperativo que se promova um debate amplo sobre as melhores práticas para equilibrar a acessibilidade com a valorização dos profissionais da educação, garantindo assim um futuro educacional verdadeiramente enriquecedor para todos os envolvidos.

CAPÍTULO 6: ALTERNATIVAS E RESISTÊNCIA

Na busca por enfrentar os desafios impostos pela uberização da docência, surgiram abordagens inovadoras que se propõem a aprimorar a educação sem comprometer a qualidade do ensino e o papel fundamental dos professores. Estas alternativas buscam equilibrar o uso da tecnologia com a importância das interações pessoais e valorização destes profissionais. Neste capítulo, exploraremos essas abordagens promissoras e os exemplos que estão moldando o futuro da educação.

1. Aprendizagem Ativa e Experiencial: Essa abordagem prioriza a aprendizagem prática, colaborativa e baseada em projetos. Os professores se tornam facilitadores do processo, orientando os alunos na exploração de conceitos por meio de atividades práticas. Isso incentiva a aplicação do conhecimento em situações reais, promovendo a compreensão profunda e o desenvolvimento de habilidades relevantes.

2. Aprendizagem Personalizada: A tecnologia é usada para criar trilhas de aprendizagem individualizadas, adaptando o conteúdo e o ritmo de acordo com as necessidades de cada aluno. Isso permite que os professores foquem em fornecer orientações personalizadas, identificando pontos fracos e fortes dos alunos e ajustando a abordagem de ensino de acordo.

Modelos Híbridos: Combinando Tecnologia com Interações Significativas:

1. Ensino Híbrido: Nesse modelo, parte do ensino ocorre online, enquanto outra parte acontece presencialmente. Isso permite que os alunos tenham flexibilidade para aprender em seu próprio ritmo, ao mesmo tempo em que participam de discussões em sala de aula e interagem diretamente com os colegas e professores.

2. Salas de Aula Invertidas: Aqui, os alunos estudam o conteúdo online antes das aulas presenciais. As aulas são então usadas para discussões aprofundadas, resolução de problemas e atividades práticas, aproveitando o tempo em sala de aula para interações valiosas.

Exemplos de Iniciativas que Valorizam Profissionais da Educação e Promovem Excelência:

1. Programas de Desenvolvimento Profissional: Instituições educacionais estão investindo em programas de treinamento e desenvolvimento para professores, mantendo-os atualizados sobre as últimas práticas de ensino, tecnologias educacionais e abordagens pedagógicas inovadoras. Isso garante que os educadores estejam preparados para enfrentar os desafios em evolução.

2. Plataformas de Colaboração Educacional: Existem plataformas online que incentivam a colaboração entre professores, permitindo que compartilhem recursos, ideias e estratégias de ensino bem-sucedidas. Essas redes de apoio profissional ajudam a elevar a qualidade do ensino.

3. Reconhecimento e Incentivos: Algumas escolas e governos estão implementando programas de reconhecimento e incentivos para professores que demonstram excelência no ensino. Isso não apenas valoriza seu trabalho, mas também cria um ambiente em que a dedicação e a inovação são recompensadas.

4. Integração de Valores Humanos: Instituições estão começando a reconhecer a importância das habilidades socioemocionais e valores humanos na educação. Programas que promovem a empatia, a resolução de conflitos e a ética são incorporados ao currículo para formar cidadãos completos.

Em um mundo onde a tecnologia está em constante evolução, é fundamental que as abordagens educacionais acompanhem essa mudança, mas de maneira estratégica e equilibrada. A uberização da docência pode ser uma realidade, mas o papel insubstituível do professor no desenvolvimento holístico dos alunos é inegociável.

CAPÍTULO 7: REPENSANDO O FUTURO DA EDUCAÇÃO

À medida que a uberização da docência e os avanços tecnológicos continuam a remodelar a paisagem educacional, é essencial iniciar um diálogo profundo sobre o futuro da educação. Este capítulo explora como a sociedade pode reavaliar a importância da educação de qualidade, o papel crucial dos professores e como as políticas educacionais podem ser moldadas para garantir uma educação equitativa e eficaz.

A uberização da docência trouxe à tona a necessidade de reafirmar a importância da educação de qualidade e do papel inestimável dos professores. A sociedade deve compreender que a educação não é apenas uma transferência de informações, mas um processo que molda mentes, caráter e perspectivas. Professores não são apenas transmissores de conhecimento, mas mentores, guias e modelos para os alunos. Reconhecer e valorizar essas contribuições é fundamental para preservar a excelência educacional.

Enquanto a tecnologia oferece oportunidades inigualáveis para aprimorar a educação, sua integração deve ser feita com responsabilidade. Diretrizes claras devem ser estabelecidas para garantir que a tecnologia seja uma ferramenta que melhore o processo de aprendizado, sem substituir as interações humanas cruciais. A tecnologia pode ser usada para fornecer recursos adicionais, permitir a personalização do ensino e promover a colaboração, mas nunca deve ser uma barreira entre professores e alunos.

A humanização é um aspecto central do processo educacional. A interação pessoal entre professores e alunos, as discussões em sala de aula e a troca de ideias são elementos que enriquecem a experiência educacional. Enquanto a tecnologia desempenha um papel importante, não pode substituir a empatia, o apoio emocional e as conexões genuínas entre educadores e alunos. O desafio é encontrar maneiras de aproveitar a tecnologia para complementar, não substituir, a humanização no ensino.

As políticas educacionais desempenham um papel fundamental na garantia de uma educação equitativa e eficaz. Devem ser desenvolvidas estratégias para garantir que todos os alunos tenham acesso igualitário a uma educação de qualidade, independentemente de suas origens socioeconômicas ou geográficas. Isso envolve o investimento em infraestrutura, capacitação de professores e desenvolvimento de currículos que atendam às necessidades diversificadas dos alunos.

Para moldar o futuro da educação de maneira positiva, a sociedade deve incentivar a inovação responsável. Isso implica em experimentar novas abordagens pedagógicas, tecnologias e modelos educacionais, mas com um foco contínuo na qualidade do ensino e na formação de cidadãos completos. A inovação não deve comprometer os princípios fundamentais da educação, mas sim fortalecê-los.

Ao reavaliar a importância da educação de qualidade, propor diretrizes para a integração responsável da tecnologia e refletir sobre o papel das políticas educacionais, a sociedade pode forjar um caminho que preserve a humanização no ensino, valorize os professores e assegure uma educação equitativa e eficaz para as gerações futuras.

CAPITULO 8: INCLUSÃO E DIVERSIDADE: ALUNOS COM DEFICIÊNCIA, TRANSTORNOS GLOBAIS DO DESENVOLVIMENTO E ALTAS HABILIDADES EM CLASSES COMUNS E ESPECIAIS

A educação inclusiva é uma abordagem que visa a garantir que todos os alunos, independentemente de suas características individuais, tenham acesso a uma educação de qualidade e oportunidades de aprendizado iguais. No contexto dessa discussão, três grupos de alunos merecem atenção especial: aqueles com deficiência, transtornos globais do desenvolvimento (TGD) e altas habilidades. Esses grupos requerem abordagens educacionais específicas, que podem ocorrer tanto em classes comuns quanto em classes especiais exclusivas. Neste capitulo, exploraremos as nuances dessas abordagens, os desafios enfrentados e os benefícios potenciais.

Alunos com Deficiência: Educação Inclusiva e Classes Especiais

A inclusão de alunos com deficiência nas escolas regulares tem sido um avanço significativo na promoção da igualdade educacional. Essa abordagem permite que os alunos com deficiência aprendam lado a lado com seus pares, compartilhando experiências e desenvolvendo relações interpessoais que são fundamentais para o desenvolvimento social. No entanto, a eficácia dessa abordagem pode variar dependendo das necessidades individuais do aluno e do suporte disponível na escola.

Em algumas situações, pode ser mais apropriado oferecer educação em classes especiais exclusivas para alunos com deficiência. Isso ocorre quando as necessidades do aluno não podem ser atendidas de maneira adequada em uma sala de aula comum, seja devido a recursos limitados, necessidades de suporte intensivo ou questões de acessibilidade. As classes especiais podem oferecer um ambiente mais controlado e focado, permitindo adaptações curriculares e metodológicas específicas para cada aluno.

No entanto, é importante ter em mente que a segregação excessiva em classes especiais pode resultar em isolamento social e em uma falta de exposição às experiências e desafios do mundo real. Portanto, a decisão de colocar um aluno com deficiência em uma classe comum ou especial deve ser tomada com base em avaliações individuais cuidadosas e em um compromisso contínuo com a inclusão e a igualdade.

Transtornos Globais do Desenvolvimento (TGD): Necessidades Complexas de Aprendizado

Os alunos com transtornos globais do desenvolvimento, como o *Transtorno do Espectro Autista* (TEA), apresentam desafios únicos que requerem abordagens educacionais adaptadas. A inclusão de alunos com *Transtornos Globais do Desenvolvimento* TGD em classes comuns pode ser benéfica, desde que sejam fornecidos os apoios e recursos necessários para atender às suas necessidades específicas. Esses apoios podem incluir estratégias de comunicação alternativa, modificação do ambiente de aprendizado e treinamento especializado para os educadores.

No entanto, em alguns casos, classes especiais exclusivas podem ser mais apropriadas, especialmente quando os alunos com TGD têm dificuldades significativas de interação social e comunicação. Essas classes podem oferecer um ambiente estruturado e focado, onde os educadores estão mais bem preparados para lidar com as necessidades específicas desses alunos. No entanto, a comunicação entre as classes especiais e as comuns, além de treinamento para os educadores, é essencial para garantir que haja uma abordagem holística e integrada.

Altas Habilidades: Desafios da Estagnação e do Desinteresse

Os alunos com altas habilidades, muitas vezes referidos como superdotados, também requerem considerações especiais dentro do contexto da educação inclusiva. Esses alunos podem ter um nível de cognição e compreensão avançado, o que pode levá-los a se entediarem com o currículo padrão da sala de aula. Para eles, a inclusão em classes comuns pode resultar em desinteresse, estagnação acadêmica e falta de desafios intelectuais.

Nesses casos, classes especiais exclusivas ou programas de enriquecimento podem ser benéficos. Isso permite que esses alunos se envolvam em atividades e projetos mais complexos, que estimulem seu pensamento crítico e criatividade. No entanto, é importante que essas classes não os isolem completamente de seus colegas, a fim de promover o desenvolvimento social e emocional saudável.

Benefícios da Integração e Desafios a Superar

Tanto a inclusão de alunos com deficiência e TGD em classes comuns quanto a oferta de classes especiais exclusivas podem trazer benefícios substanciais. A integração em classes comuns promove a diversidade, reduz estigmas e prepara todos os alunos para viver em sociedades inclusivas. Além disso, oferece oportunidades para os alunos sem deficiência ou TGD aprenderem a respeitar e ajudar seus colegas que enfrentam desafios únicos.

Contudo, as classes especiais exclusivas oferecem um ambiente mais focado e adaptado, onde os alunos podem receber suporte especializado de educadores treinados. Isso pode resultar em melhorias significativas em suas habilidades acadêmicas e sociais, além de reduzir a sobrecarga nas salas de aula comuns.

Assim, tanto a inclusão quanto a segregação têm desafios a superar. A inclusão pode ser dificultada pela falta de treinamento adequado para educadores, falta de recursos e turmas superlotadas. Além disso, o estigma associado à deficiência e ao TGD pode resultar em bullying e isolamento social, afetando negativamente a experiência educacional dos alunos.

Por sua vez, as classes especiais podem correr o risco de isolamento excessivo e de não proporcionar oportunidades para a interação com colegas sem deficiência. Além disso, existe o perigo de estigmatizar ainda mais os alunos com deficiência, criando barreiras entre eles e seus pares sem deficiência.

Na era da uberização da docência, onde as tecnologias estão transformando a forma como a educação é entregue e acessada, os desafios relacionados à inclusão de alunos com deficiência, transtornos globais do desenvolvimento (TGD) e altas habilidades tornaram-se ainda mais complexos. Enquanto a flexibilidade e o acesso ampliado oferecidos por essa tendência podem ser benéficos, é vital garantir que nenhum aluno seja deixado para trás, independente de suas necessidades individuais.

A uberização da docência trouxe a possibilidade de educação online, tutoriais em vídeo e plataformas de aprendizado remoto. Isso pode ser um recurso valioso para alunos com deficiência, uma vez que oferece a flexibilidade de adaptar o ritmo e o ambiente de aprendizado de acordo com suas necessidades. No entanto, a acessibilidade digital deve ser uma prioridade para garantir que essas plataformas sejam utilizáveis por todos. Recursos como legendas em vídeos, leitores de tela e interfaces amigáveis para diferentes deficiências, são essenciais para tornar o ensino online verdadeiramente inclusivo.

Para alunos com TGD, as tecnologias assistivas podem desempenhar um papel crucial na educação. Ferramentas como aplicativos de comunicação alternativa, jogos educacionais interativos e plataformas de aprendizado adaptativo, podem ajudar a atender às suas necessidades individuais de aprendizado. A personalização do ensino é uma das maiores vantagens da uberização da docência, permitindo que os educadores atendam às especificidades de cada aluno, independentemente de suas habilidades ou desafios.

Embora a tecnologia tenha o potencial de nivelar o campo de jogo, a desigualdade tecnológica pode aumentar ainda mais a exclusão de alunos com deficiência, TGD e altas habilidades. Nem todos os alunos têm acesso igual a dispositivos, conexões de internet confiáveis ou a infraestrutura necessária para aproveitar plenamente os benefícios da educação online. Isso é particularmente problemático em regiões economicamente desfavorecidas, onde a falta de acesso tecnológico pode aprofundar as disparidades educacionais.

A uberização da docência exige uma reavaliação das habilidades necessárias para os educadores. Não apenas eles precisam dominar as ferramentas tecnológicas, mas também devem ser treinados para lidar com a diversidade de necessidades dos alunos. Os educadores devem ser capazes de adaptar sua abordagem para atender a alunos com deficiência que requerem estratégias de ensino diferenciadas, alunos com TGD que podem se beneficiar de métodos de comunicação alternativos e alunos com altas habilidades que precisam de desafios intelectuais adequados.

Empoderamento e Autodireção para Alunos com Altas Habilidades

No contexto da uberização da docência, os alunos com altas habilidades podem se beneficiar de recursos online que lhes permitam explorar tópicos de interesse de forma independente e aprofundada. Plataformas de ensino à distância, cursos online e tutoriais em vídeo podem fornecer um caminho para que esses alunos busquem conhecimento além do currículo padrão. Isso os empodera a se tornarem autodirigidos em sua aprendizagem, uma habilidade valiosa para a vida adulta.

Desafios Éticos e Humanos

A uberização da docência também levanta preocupações éticas e humanas. Embora as tecnologias tenham a capacidade de adaptar o ensino, elas não podem substituir completamente o valor do contato humano. Alunos com deficiência e TGD podem se beneficiar enormemente do apoio emocional e da interação social que os educadores presenciais proporcionam. Além disso, é importante lembrar que a personalização do aprendizado não deve significar a eliminação do elemento humano, pois a empatia e a compreensão são fundamentais para a educação inclusiva.

Em um contexto geral, a uberização da docência é uma realidade em constante evolução que oferece tanto oportunidades quanto desafios para alunos com deficiência, TGD e altas habilidades. A personalização do aprendizado, o acesso à educação online e as tecnologias assistivas são recursos valiosos que podem promover a inclusão e o sucesso desses alunos. No entanto, é crucial abordar as disparidades tecnológicas, fornecer formação adequada para educadores e manter um equilíbrio entre a tecnologia e o aspecto humano da educação. A chave para uma educação verdadeiramente inclusiva e equitativa nesse contexto está em encontrar maneiras de aproveitar as vantagens tecnológicas enquanto mantém o foco nas necessidades individuais e na igualdade de oportunidades.

CAPITULO 9 DESAFIOS E PERSPECTIVAS: ALUNOS PRETOS, PARDOS E INDÍGENAS NO AMBIENTE ESCOLAR EM TEMPOS DE UBERIZAÇÃO DA DOCÊNCIA NO BRASIL

A educação é um pilar fundamental para o desenvolvimento de uma sociedade justa e igualitária. No contexto brasileiro, onde as desigualdades históricas persistem, a presença de alunos pretos, pardos e indígenas nas escolas é um tema central na busca por equidade. Com a ascensão da uberização da docência, que traz consigo novas abordagens tecnológicas e educacionais, é essencial analisar como essa tendência pode impactar a inclusão e a experiência educacional desses alunos. Neste capitulo, exploraremos os desafios e as perspectivas enfrentados por este grupo de alunos no ambiente escolar em tempos de uberização da docência no Brasil.

Antes de abordarmos a relação entre a uberização da docência e alunos pretos, pardos e indígenas, é crucial compreender as desigualdades sociais enraizadas que permeiam a sociedade brasileira. A estratificação racial histórica se manifesta em todas as esferas, incluindo a educação. Este grupo enfrentam barreiras adicionais de acesso, qualidade e oportunidades em comparação com seus colegas brancos. A inequidade no sistema educacional é evidenciada em taxas de evasão, repetência e falta de representatividade nas universidades.

Uberização da Docência e Seus Impactos Potenciais

Nesta nova modalidade de ensino, caracterizada pela adoção de plataformas online, cursos à distância e recursos digitais, tem o potencial de trazer avanços significativos para a educação. A flexibilidade e a acessibilidade que ela oferece já discutidas em capítulos anteriores, podem ser especialmente benéficas para alunos pretos, pardos e indígenas, que muitas vezes enfrentam dificuldades em acessar instituições educacionais tradicionais devido a barreiras geográficas, econômicas e sociais. Plataformas de ensino à distância podem proporcionar uma alternativa viável para a obtenção de conhecimento.

Desafios de Acesso à Tecnologia

Contudo, os benefícios da uberização da docência podem ser minados pela desigualdade no acesso à tecnologia. Muitos alunos do grupo em questão ainda enfrentam a falta de acesso a dispositivos eletrônicos e conexões de internet de qualidade, limitando sua participação efetiva nas oportunidades educacionais online. A chamada "lacuna digital" amplia ainda mais as disparidades educacionais, perpetuando a marginalização de grupos já vulneráveis.

Personalização do Aprendizado e Diversidade Cultural

A personalização do aprendizado, uma das promessas da uberização da docência, pode oferecer uma abordagem educacional mais adequada e empoderada para estes alunos. Essa personalização permite que os materiais de ensino sejam adaptados às diferentes formas de aprendizado e estilos cognitivos dos alunos. Além disso, pode facilitar a incorporação de elementos culturais e históricos relevantes para alunos pretos, pardos e indígenas, tornando o processo de aprendizagem mais inclusivo e representativo.

Formação de Educadores Sensíveis à Diversidade Racial

O mundo tecnológico também implica em mudanças na forma como os educadores são formados e capacitados. Os professores precisam estar cientes das questões de diversidade racial e cultural, compreendendo as nuances das experiências deste grupo. Isso envolve a sensibilização para o impacto das desigualdades raciais na educação e a adoção de práticas pedagógicas que promovam a inclusão e a igualdade.

Desafios de Representatividade e Identificação

A representatividade é uma questão crucial para alunos pretos, pardos e indígenas. A falta de professores e educadores com a mesma origem étnica pode contribuir para a sensação de alienação e falta de identificação por parte dos alunos. A uberização da docência pode mitigar esse problema, permitindo que os alunos acessem uma variedade de educadores de diferentes origens e perspectivas. No entanto, é importante assegurar que os conteúdos abordem questões relacionadas à história, cultura e contribuições dos grupos, a fim de proporcionar uma educação mais significativa.

Promovendo a Equidade na Uberização da Docência

Para garantir que a tecnologia promova a equidade para alunos pretos, pardos e indígenas, algumas medidas são fundamentais. Primeiramente, é necessário investir na infraestrutura tecnológica para garantir que todos os alunos tenham acesso igualitário às oportunidades educacionais online.

A criação de conteúdos educacionais que reflitam a diversidade cultural e racial brasileira é vital. Isso não apenas promoverá a identificação do grupo, mas também enriquecerá a experiência educacional de todos os alunos, expandindo seus horizontes e conhecimentos.

Somente assim poderemos avançar em direção a um sistema educacional verdadeiramente igualitário, onde todos os alunos, independentemente de sua origem étnica, tenham a oportunidade de acessar uma educação de qualidade e desenvolver todo o seu potencial.

A uberização da docência pode ser uma ferramenta poderosa para enfrentar as desigualdades educacionais, desde que seja implementada com um compromisso genuíno com a equidade. Isso exige uma abordagem abrangente, que vá além das soluções tecnológicas e leve em consideração as complexas dinâmicas sociais, econômicas e culturais que influenciam a educação no Brasil.

É essencial que as políticas educacionais atuais e futuras incluam estratégias específicas para promover a inclusão de alunos. Isso pode ser feito através do desenvolvimento de programas de acesso à tecnologia, garantindo que escolas e comunidades tenham acesso a dispositivos e conexões de qualidade.

No entanto, para que isso aconteça, é necessário um esforço coletivo por parte do governo, das instituições educacionais, dos educadores e da sociedade como um todo. Ao mesmo tempo, é importante reconhecer que a uberização da docência não é uma solução definitiva para todos os problemas educacionais. Ela enfrenta desafios próprios, como a falta de regulamentação adequada, questões de qualidade do conteúdo online e a dependência excessiva da tecnologia.

Em última análise, o sucesso desta nova modalidade no contexto da inclusão, dependerá de como a sociedade brasileira aborda suas desigualdades profundamente enraizadas. A educação é uma ferramenta poderosa para a mobilidade social e para romper ciclos de desigualdade, e é nosso dever assegurar que ela seja acessível e de alta qualidade para todos, independentemente de sua origem étnica.

Somente dessa forma poderemos construir um sistema educacional que verdadeiramente reflita a diversidade da população brasileira e prepare todos os alunos para um futuro de oportunidades e realizações. A uberização da docência, quando utilizada de maneira consciente e inclusiva, valorizando o papel do professor, tem o potencial de ser um catalisador para a transformação positiva da educação no Brasil.

CAPÍTULO 10: CONCLUSÃO

Ao longo deste livro, exploramos profundamente o impacto da uberização da docência na educação, abordando os desafios que surgem quando a tecnologia reconfigura a forma como aprendemos e ensinamos. Agora, recapitularemos os principais pontos discutidos e destacaremos a importância de encontrar um equilíbrio entre a tecnologia e as interações humanas na educação. Além disso, faremos um chamado à ação para todas as partes interessadas a fim de preservar e fortalecer o valor fundamental da educação na sociedade contemporânea.

Nos capítulos anteriores, mergulhamos fundo nas implicações da uberização da docência. Exploramos como essa tendência influenciou a educação, apresentando benefícios como a flexibilidade e o acesso expandido ao conhecimento, mas também destacando os desafios, incluindo a perda de interações pessoais, a falta de atenção individualizada e a desvalorização do papel do professor.

Examinamos alternativas promissoras que buscam melhorar a educação sem sacrificar a qualidade e a humanização do processo. Modelos híbridos e abordagens inovadoras, como a aprendizagem ativa e personalizada, mostraram-se caminhos para reforçar o envolvimento dos alunos e a eficácia do ensino.

Também abordamos a importância de valorizar os professores e de como eles desempenham um papel vital na formação dos alunos. Além disso, discutimos como a tecnologia pode ser integrada de forma responsável na educação, complementando as interações humanas em vez de substituí-las.

À medida que avançamos para um futuro em que a tecnologia continuará a desempenhar um papel cada vez mais proeminente na educação, é imperativo encontrar um equilíbrio saudável entre a tecnologia e as interações humanas. A tecnologia tem o potencial de ampliar o alcance do ensino e enriquecer a aprendizagem, mas não deve ser usada para substituir as relações significativas entre professores e alunos.

A interatividade, o debate em sala de aula e as conexões interpessoais são essenciais para o crescimento intelectual e emocional dos alunos. A uberização da docência não deve resultar na perda desses aspectos vitais da educação. Ao invés disso, a tecnologia deve ser usada para aprimorar essas interações, permitindo que os professores personalizem o ensino, ofereçam feedback construtivo e facilitem discussões significativas.

A educação é uma força transformadora na sociedade. Portanto, é nossa responsabilidade garantir que ela seja preservada e fortalecida para as gerações futuras. Isso exige um esforço coletivo de educadores, alunos, pais, governos e toda a comunidade educacional.

Educadores devem continuar a se atualizar e aprimorar suas habilidades, adaptando-se às mudanças e inovações que a tecnologia traz. Ao mesmo tempo, os alunos precisam reconhecer o valor da educação e engajar-se ativamente no processo de aprendizagem, buscando aprofundar o conhecimento e aproveitar ao máximo as oportunidades oferecidas.

Os pais desempenham um papel fundamental ao incentivar a busca pelo conhecimento e a valorização dos professores. As comunidades podem promover eventos educacionais e reconhecer a importância do ensino de qualidade como um pilar da sociedade.

Governos devem investir na educação, não apenas financeiramente, mas também na criação de políticas que incentivem a inovação responsável e a valorização dos educadores. É essencial promover a equidade, garantindo que todas as crianças tenham acesso a uma educação de qualidade.

A uberização da docência é um desafio que não pode ser subestimado. No entanto, também é uma oportunidade para remodelar a educação de maneira significativa. Encontrar um equilíbrio entre tecnologia e interações humanas, valorizar os professores e promover políticas educacionais eficazes são passos cruciais para garantir que a educação continue a ser uma força transformadora e essencial em nossa sociedade. A responsabilidade de moldar o futuro da educação repousa em todos nós, e é uma jornada que deve ser abraçada com dedicação e cuidado.

REFERÊNCIAS BIBLIOGRÁFICAS

MARX, Karl. O Capital: crítica da Economia Política. Livro 1. São Paulo: Boitempo, 2013.

________. Nietzsche: Das forças cósmicas aos valores humanos. Belo Horizonte: Editora UFMG, 2010.

POCHMANN, M.; SILVA, L. C, 2013

Brasil. Instituto Nacional de Estudos e Pesquisas Educacionais Anísio Teixeira. Censo da educação básica 2020 : resumo técnico [recurso eletrônico] – Brasília : Inep, 2021. 70 p. : il.

Watzeck, Jose Ruiz. A Uberização dos meios de produção no Brasil – A precarização do trabalho, 2020. p:05

---

[1] Sistema ou conjunto de juízos que uma sociedade elabora em um determinado momento histórico, supondo tratar-se de uma verdade óbvia ou evidência natural, mas que para a filosofia não passa de crença ingênua, a ser superada para a obtenção do verdadeiro conhecimento.

[2] **Status quo** é uma expressão do Latim que **significa** "o estado das coisas". ... A expressão surgiu por volta de 1700 como uma forma reduzida da frase "in statu quo res erant ante bellum", que pode ser traduzida como "no estado em que as coisas estavam antes da guerra".